Marketing

Das Taschenbuch zur Prüfungsvorbereitung

Bibliografische Information der Deutschen Nationalbibliothek: Die Deutsche Nationalbibliothek verzeichnet diese Publikation in der Deutschen Nationalbibliografie; detaillierte bibliografische Daten sind im Internet über http://dnb.dnb.de abrufbar.

© 2019 Steve Schild

Herstellung und Verlag:

BoD – Books on Demand, Norderstedt

ISBN: 978-3-7494-3594-4

Einleitung

Dieses kompakte Buch entstand im Rahmen meiner Vorbereitung zum eidg. Dipl. Marketingleiter. Die enorme Menge an Informationen, die es zu bewältigen gab, versuchte ich in diesem Taschenbuch kompakt, kurz und bündig zusammengefasst zu verfassen. Dabei legte ich großen Wert auf einen strukturierten Wissensverlauf. Das Werk ist kein Lehrmittel und bei weitem nicht vollständig. Es kann aber als Hilfe zur Vorbereitung genutzt werden. Der komplette Stoff umfasst viele Bücher. Ich habe mich hier auf das Wesentliche konzentriert. Es soll vor allem auch als Gedankenstütze fungieren und dem Lernenden durch Stichworte und kurze, bündige Sätze helfen. Den Stoff besser zu lernen.

Das Taschenbuch orientiert sich an den derzeit aktuellen 7 Handlungsfeldern für Marketingleiter:

HF1: Managementaufgaben wahrnehmen.
HF2: Markt, Umfeld und Trends analysieren.
HF3: Marktleistung gestalten
HF4: Marktbearbeitung realisieren.
HF5: Strategien und Konzepte
HF6: Nachfragegenerierung steuern
HF7: Strategien und Konzepte entwickeln.

Ich hoffe, dieses Werk hilft dem einen oder der andren die Fülle des Wissens kompakt, kurz und bündig zu verstehen. In diesem Taschenbuch findet sich genug Platz für eigene Notizen.

Haftungsausschluss

Ich übernehme keinerlei Haftung für die Richtigkeit des Inhaltes. Insbesondere bei „nicht bestandener Prüfung", fehlerhafter oder mangelhafter Informationen. Das Taschenbuch wurde mit größtmöglicher Sorgfalt erstellt und diente mir in erster Linie als Prüfungsvorbereitung. Es kann als Lernhilfe oder Gedankenstütze genutzt werden.

Inhalt des Taschenbuches ohne Rechnungswesen und Internet-Kommunikation.

Inhaltsverzeichnis

Einleitung   5
1 Grundlagen der Führung   10
2 Grundlagen Mitarbeiterführung   15
3 Personalmanagement   27
4 Organisation   32
5 Ablauforganisation   39
6 Projektmanagement   44
6 Marktforschung   53
7 Statistik   64
7 Marketing   68
8 Vertrieb - Distribution – Verkauf   86
9 Kommunikation   99
Schlusswort   110
Quellenangaben   111
Steve Schild – Autor und Visionär   112
Gefangene der Zukunft   113

1 Grundlagen der Führung

Wir unterscheiden zwischen **Unternehmens** und **Menschenführung**.

Die **Unternehmensführung** beschreibt die Führung eines Gesamtunternehmens gemäß Unternehmensphilosophie, Unternehmenskultur und Strategie.

Die **Menschenführung** beschreibt die Mitarbeiterführung sowie die gezielte positive Einflussnahme und Entwicklung einer Person oder Personengruppe.

Führungsbestandteile:

- Zielbezug: Nach klaren individuellen Zielen führen.
- Ressourcen: Mitarbeitende verfügen über die notwendigen Fach, Sach und sozialen Kompetenzen.
- Kommunikation: direkt und unmittelbare Kommunikationswege.
- Struktur: Aufbau und Ablaufstruktur sind möglichst effektiv und effizient, sowie ressourcenschonend gestaltet.

Management

Dieser Begriff kann unterschiedlich verstanden und definiert werden.

Management als Institution: Low, middle und Top Management. (Führungskräfte)

Management als Funktion: Sachfunktion (Koordination von Einkauf, Produktion etc.)
Managementfunktion: Planung, Organisation und Entscheidung.

Die Managementmodelle:
- Das St. Galler Managementmodell:
6 zentrale Kategorien werden unterschieden.

Gesellschaftliche und ökologische Umfeld:
- Umweltsphären
- Anspruchsgruppen
- Interaktionsthemen

Innenansicht der Organisation:
- Ordnungsmomente
- Prozesse
- Entwicklungsmodi

Ebenen des Managements:
Das St. Galler Managementmodell kennt drei Ebenen.
- Normatives Management: die oberste Managementebene. (Generell, Vision etc.)
- Strategisches Management: Die mittlere Managementebene. (Vorgehensweisen)
- Operatives Management:
Die unterste Managementebene, Entscheidungen der mittleren Ebene werden ausgeführt. (Prozesse der Mitarbeiterführung)

Prozessperspektiven:
- Das St. Galler Modell begreift eine Unternehmung als System von Prozessen.

Es werden Drei Prozesse unterschieden.
- Managementprozess (Grundlegende Aufgaben)
- Geschäftsprozesse (Kernaktivitäten)
- Unterstütungsprozesse (Unternehmensinterne Leistungen)

Strategie:
- Gesamtstrategie: Existenzsicherung sowie Sicherstellung der Rentabilität
- Geschäftsstrategie: Ziele werden konkretisiert.
- Funktionale Strategie: ergänzende Strategien
- Subfunktionale Strategie: Konkretisierung, zum Beispiel Verkaufsplan.

Struktur:
- Aufbauorganisation: Gesamtaufgaben werden den Aufgabenträgern zugeordnet.
- Ablauforganisation: Prozessstrukturen werden an die Instanzen verteilt.

Kultur:
Eine Gesamtheit der Wertvorstellungen, Normen und Überzeugungen.

Entwicklungsmodi:

Wir unterscheiden zwischen Optimierung und Erneuerung.
- Optimierung (stetige Verbesserung) durch KAIZEN, TQM, ISO und andere.
- Erneuerung (sprunghafte Schaffung von etwas völlig Neuem).

Das Zürcher Managementmodell (PEAK)

Dieses Modell geht davon aus, dass die führende Person legitimiert, oder autorisiert ist zu führen.

Folgende Prozesse dienen der Problemlösung:
1. Analyse
2. Ziele
3. Maßnahmen
4. Ressourcen
5. Implementierung
6. Evaluation der Resultate

Notizen

_____
_____
_____
_____
_____
_____
_____
_____

2 Grundlagen Mitarbeiterführung

Führungsgrundsätze sollten schriftlich formulierte Grundsätze erhalten. Diese regeln das Verhältnis zwischen Führungskraft und Mitarbeitenden.

- Unternehmensgrundsätze: Diese enthalten und beschreiben gewünschte Ziele und oder Zustände.

- Führungsstil: Angestrebter Führungsstil wird umschrieben.

- Aufgaben / Befugnisse: Es werden Befugnisse, Dienstwege etc. beschrieben.

- Aufgaben / Pflichten: Aufgaben und Pflichten von Führungskräften.

- Führungsinstrumente: Stellenbeschreibungen, Funktionsdiagramme, Organigramme etc.

Direkte und indirekte Führung:
Grundhaltung und das sich daran orientierende Verhaltensmuster.
- Direkte Führung: interaktionelle Führung
- Indirekte Führung: strukturelle Führung
Machtgrundladen der Mitarbeiterführung:
- Formelle Macht: aufgrund der Organisation
- Expertenmacht: Aufgrund von Fachwissen
- Referenzmacht: aufgrund der Persönlichkeit
- Sanktionsmacht: Durch Belohnung oder Strafe

- Informationsmacht: durch Beziehungen / Wissen

Es ist wichtig, eine gewisse Autorität auszustrahlen:
- Formale Autorität: Rechtsgrundlagen
- Fachliche Autorität: Fachwissen
- Menschliche Autorität: Persönlichkeit

Führungsstil nach Lewin:
Beschreibt mögliche Führungsstile zwischen autoritärer und demokratischer Führung.
- Autoritär: Entscheider, Anordner
- Patriarchalisch: Entscheider, will aber überzeugen.
- Beratend: Entscheider, lässt aber Fragen zu.
- Kooperativ: Informiert über mögliche Entscheidungen, Mitarbeitende können sich dazu äußern. Endgültige Entscheidung wird dann getroffen.
- Partizipativ: Gruppe entwickelt Vorschläge, Führungskraft entscheidet für den Favoriten.
- Demokratisch: Gruppe entscheidet, Führungskraft fungiert als Koordinator.

Führungsstil nach Blake Mouton:
- Zweidimensional (Mitarbeiterorientiert/ leistungsorientiert)
Dabei wird zwischen Laisse faire 1.1 bis hin zum idealen Mix 9.9 unterschieden. Die Ausprägungen liegen irgendwo dazwischen.

Situatives führen nach Hersey
- Das dreidimensionale Führungsstilkonzept beschreibt das situ-

ative Führen von Personen und basiert dabei auf dem Reifegrad und Potenzial.

Reifegrade:
- 1. Mitarbeitende sind nicht fähig und nicht willig. → Anweisen – starke Führung
- 2. Mitarbeitende sind nicht fähig, aber willig.
→ Überzeugen, erklären, begründen.
- 3. Mitarbeitende sind fähig, aber nicht willig.
→ Partizipieren, Ideen Teilen.
- 4. Mitarbeitende sind fähig und will.
Delegieren.

Coaching:
Coaching ist eine allumfassende und persönliche Begleitung von Personen, dabei wird versucht die Fach, sozial und Selbstkompetenzen zu verbessern. → **HILFE zur SELBSTHILFE**
- **Nichte jede Führungskraft ist ein guter Coach.**
- **Coaches sind positiv eingestellt.**
- **Vertrauen ist das wichtigste.**

Funktionen der Mitarbeiterführung:
- Lokomotionsfunktion: Ziele mittels Management by Objective individualisiert.
- Kohäsionsfunktion: Führungskraft soll sich für eine starke, motivierte und fachkompetente Gruppe einsetzen.

Aufgaben der Mitarbeiterführung.

Wir definieren folgende Aufgaben:

- Ziele definiere. Dafür kann die SMART Formel verwendet werden.

SMART

- Zielgegenstand: Was soll erreicht werden?
Reduktion der Krankheitstage etc.

- Zielumfang: In welchem Umfang soll das Ziel erreicht werden?
- Zielgruppe: Bei wem soll das Ziel erreicht werden?
- Zielgebiet: Wo soll das Ziel erreicht werden?
- Zeitraum: Bis wann soll das Ziel erreicht werden?

Zielverantwortung: Wer ist verantwortlich?

Ressourcen Planen

Im Rahmen der Planung werden Entscheidungen in Bezug auf den Einsatz der nötigen und zur Verfügung stehenden Ressourcen wie „Mitarbeitende" getroffen.

Entscheide treffen.

Entscheide müssen fundiert, im Sinne der Organisation, zur Erreichung der definierte Ziele sein.

Anordnen und kommunizieren.

Die relevanten Personen werden über die getroffenen Entscheidungen informiert und motiviert.

Kontrollieren

Durch eine Auswertung wird geprüft, ob die Entscheidungen mit den geplanten Mitteln erreicht werden.

Führungsverhalten

Das Führungsverhalten ist die Gesamtheit sämtlicher Aktivitäten und Verhaltensweisen im Rahmen des Führungsprozesses. **Merkmale und Eigenschaften einer Führungskraft**

- Persönlichkeit: Ehrlichkeit, Loyalität, Pflicht und Verantwortungsbewusstsein, Entscheidungsfreude etc.
- Charakter: Überzeugung durch ein hohes mass an menschlicher Reife.
- Menschenkentnisse: Die Führungskraft kennt die Unterstellen Mitarbeitenden.
- Menschenführung: aufgrund des Fachwissens befähigt, Führungsmittel gezielt einzusetzen.
- Kommunikation / Rhetorik: Ist überzeugend, wirkt glaubhaft und kann konkret formulieren.
- Allgemeinbildung: gute Allgemeinbildung im Bereich der Wirtschaft, technisch, finanziell, etc.

Anforderungen an eine Führungskraft

- Fachliche Fähigkeiten: Fach und Führungskentnisse, Erfahrung in Bezug auf Märkte etc.
- Charakterliche Fähigkeiten: Verantwortungsbewusstsein, offen für neues etc.
Persönliche Fähigkeiten: Geschlecht, Alter, Wohnort, kommunikative Fähigkeiten etc.

Typische Fehler in der Führung

- Informationsverhalten: Missverständnisse
- Kompetenzüberschreitung: Fehlerhafte Auftragsabwicklungen
- Mitwirkungsmöglichkeiten: Fehlender Einbezug der Mitarbeitenden
- Kommunikationsverhalten: Unzureichender oder fehlender Austausch zwischen Führungskraft und Mitarbeiter.

Notizen

_____

_____

_____

_____

_____

_____

_____

_____

_____

_____

_____

_____

_____

_____

_____

WICHTIG

Führungsinstrumente
Eine effiziente und effektive Führung verlangt entsprechende Instrumente und Maßnahmen um Ziele zu erreichen.

Die Instrumente
- Unternehmensbezogene Instrumente
Vision – Unternehmensleitbild – Führungshandbuch.
- Personenbezogene Instrumente
Führungstechniken – Mitarbeiter und Teamgespräche – Entlohnung – Weiterbildung etc.
- Aufgabenbezogene Instrumente
Stellenbeschreibung – Funktionsdiagramm – Organigramm – Aufgabenplatzgestaltung
- Prozessbezogene Instrumente
Zielvorgaben – Ablaufdiagramme – Netzpläne – Flussdiagramme
- Informationsbezogene Instrumente
Infogramm – Intranet – E-Mail – E-Learning – Blogs – Gesprächskultur – Mitarbeiterhandbuch

Notizen

Unternehmensbezogene Führungsinstrumente

- Vision Leitbild und Strategien
Die Vision und das Leitbild
- Vision
Ein in der Zukunft liegendes anzustrebendes Ziel.
- Leitbild
Konkretisierung der Vision

Strategien
Es werden Strategien bis auf drei Abteilungen heruntergebrochen.
- Gesamtstrategie: Existenzsicherung
- Geschäftsstrategie: Wettbewerbsstrategien etc.
- Funktionale Strategie: Marketing, Personal, Technik usw.
- Subfunktionale Strategie: Konkretisierung der funktionalen Strategie.

Organisationshandbuch
- Unternehmen: Geschichte, Entwicklung etc.
- Aufbauorganisation: Organigramme, Stellenbeschreibungen etc.
- Ablauforganisation: Arbeitsabläufe etc.
- Diverses: Informationen wie Adressen, Kontenplan etc.

Notizen

_____

_____

_____

_____

Personenbezogene Führungsinstrumente

Führungsmodelle fördern die Effektivität der Mitarbeitenden, bzw. unterstützen diese.

- KKK-Modell: Das militärische Modell
Kommandieren – Kontrollieren – Korrigieren
- FFF-Modell: das moderne Modell
Fordern – Fördern – Feedback.
- Harzbuger Modell: Kompetenz und Initiative
Der Nutzen von Kompetenz und Initiative wird gefördert.

Aufgrund des Harzburger Modells wurden weitere Verfeinerungen entwickelt:
- **MBO** (Management by Objectives)
Führen durch Zielvereinbarung
- **MBD** (Management by Delegation)
Aufgabendelegation
- **MBE** (Management by Exception)
Entscheidungen werden durch die Mitarbeitenden getroffen.
- **MBR** (Management by Results)
Führen durch Erfolgskontrolle.

- MBS (Management by System)
Führen durch zielgerichtes Steuern von System.

Team und Mitarbeitergespräche
Ein tragendes Element der Führung.

Teamgespräche
Dienen dazu, die Effektivität und Zusammenarbeit des Teams zu fördern.

Abschließend: MBO wird heutzutage am meisten angewendet.

Mitarbeitergespräch
- Vorbereitungsphase: Termin, Dauer, Umfeld, Inhalt.
- Durchführungsphase: Arbeitsklima, Zielvereinbarung, Mitarbeiterentwicklung

- Nachbearbeitungsphase: Prüfen, Maßnahmen, etc.

Anreizsysteme
- Materielle Anreize: direkte finanzielle Anreize, indirekte finanzielle Anreize.
- Immaterielle Anreize: Arbeitsanreize, organisatorische Anreize, soziale Anreize.

Aufgabenbezogene Führungsinstrumente
- Stellenbeschreibung und Funktionsdiagramm
Definiert die Eingliederung sowie die Aufgaben und Kompetenzen.
- Organigramm

Instrument der Aufbauorganisation das die strukturelle Organisation einer Unternehmung abbildet.

Arbeitsplatz und Aufgabengestaltung

Arbeitsplatzgestaltung: Infrastruktur, Emotionale

Aufgabengestaltung: Jobrotation, Job Enlargement, Job Enrichment, Arbeitsgruppe

Arbeitsinhalt

Die Arbeit muss mit den Fähigkeiten übereinstimmen, nicht über oder unterfodern sein.

Notizen

_____

_____

_____

_____

_____

_____

_____

_____

_____

_____

_____

_____

_____

3 Personalmanagement

Das Personalmanagement gewinnt laufend an Bedeutung.
Wir haben folgende Einflussfaktoren:
- Anstieg der Arbeitskosten
- Arbeitsanforderungen
- Veränderung Arbeitsmarkt

Integrales Personalmanagement:
- Personal und Kaderstufenplanung
- Führungsgrundsätze und Führungsmodelle
- Personalentwicklungskonzept
- Aus und Weiterbildungskonzept
- Personalselektion und Einführung
- Qualifikations- und Entlohnungskonzept
- Informationskonzept
- Mitwirkungskonzept

Prozessfunktionen
- Personalbedarfsermittlung
- Personalgewinnung
- Personaleinsatz
- Personalerhaltung
- Personalentwicklung und Freistellung.

Personalbedarfsermittlung

Bestimmung des benötigten Personals. Folgende Fragen stellen sich:

- Quantität – Qualität – Zeit / Dauer – Örtlichkeit

Personalgewinnung

Das Sachziel ist die Beseitigung personeller Unterdeckungen nach quantitativen, qualitativen, zeitlichen und örtlichen Dimensionen.

Ablauf der Personalbeschaffung

1. Stellenfreigabe
2. Stellenbeschreibung
3. Beschaffungsentscheid
4. Anwerbungsunterlagen
5. Publikationen
6. Vorselektion
7. Erstes Gespräch
8. Zweites Gespräch
9. Drittes Gespräch
10. Einstellung

Notizen

_____

_____

_____

_____

_____

_____

Wir gehen weiter zur Lernpsychologie.

Unser Gedächtnis befähigt uns, durch bewusste oder unbewusste Lernprozesse aufgenommene Informationen, zu koordinieren, zu speichern und wieder abzurufen.

Je nach Dauer der Informationsspeicherung wird zwischen dem sensorischen (Ultrakurzzeitgedächtniss), dem Kurzzeitgedächtnis und dem Langzeitgedächtnis, unterschieden.

Die Lernkurve

Es werden bis zu 5 Wiederholungen benötigt, um 90% des Wissens zu speichern. Das bedeutet bei einmaliger Wiederholung werden im Schnitt nur 10% des Wissens gespeichert. Ab der vierten Wiederholung liegen wir in der Regel bei 80%.

Durch mehrfaches Wiederholen des Lerninhaltes kann das Vergessen vermindert werden.

Lernprozess

1. Motivationsphase: Aufnahmebereitschaft und Interesse wird geweckt.
2. Lernphase: die Aufnahme von Wissen
3. Ausführungsphase: Lernende setzten die Aufgabe um.
4. Anwendungsphase: Das Gelernte wird gefestigt.

Personalerhaltung

Die Personalerhaltung umfasst die Gestaltung und den Einsatz von materiellen und immateriellen Anreizen.

Arbeitsmotivation und Anreizsysteme

Wir kennen zwei Hauptkomponenten eines Motivationskonzeptes.

- Energetische Aspekte: Analyse von Motiven, Trieben, Spannungen etc.
- Kognitive Aspekte: Im Kopf und mittels Verständnis und Wissen.

Bei der Arbeitsmotivation können wir zwei Formen unterscheiden

- intrinsische Motivation: individuell von innen.
- Extrinsisch: Rahmenbedingungen, finanziell, materiell etc.

Theorien in der Arbeitsmotivation

Folgende Drei Theorien werden zitiert:
- Maslow (Pyramide) Dabei unterscheiden wir 5 Stufen.
1. Grundbedürfnisse: Trinken, Essen, Schlafen, Sex, etc.
2. Sicherheitsbedürfnisse: materielle, emotional, finanziell.
3. Soziale Bedürfnisse: Kommunikation, Partnerschaft, Liebe, Freundschaft
4. Wertschätzung: Anerkennung, Lob, Selbstachtung etc.
5. Selbstverwirklichung: Güte, Freiheit, Unabhängigkeit.

Für Unternehmen wurde die Pyramide mit den folgenden Drei Bereichen ergänzt:
- Existence Needs (1-2)
- Relatedness Needs (3-4)
- Growth Needs (5)

Die Motivationstheorie nach McGregor

Diese Theorie ist ganze einfach. Es wird zwischen Typ X-Y unterschieden.

X = der Mensch ist grundsätzlich negativ eingestellt. Diese Person muss stark kontrolliert und geführt werden.

Y = dieser Typ ist grundsätzlich positiv eingestellt und verfügt über ein hohes Mass an Motivation und Eigeninitiative.

Motivation nach Herzberg

Das ist eine Zweifaktorentheorie, die auf Fragen basiert. Dabei wird zwischen Hygienefaktoren und Motivatoren unterschieden.

- Hygiene:

Führungsstil, Unternehmenspolitik, Verwaltung, Arbeitsbedingungen, Status, Gehalt, etc.

- Motivatoren:

Leistung, Erfolg, Anerkennung, Verantwortung, Freiräume etc.

Das Controlling

Controlling ist das Prüfen von Kennzahlen qualitativ und quantitativ.

Notizen

_____

_____

_____

_____

_____

_____

4 Organisation

Der Begriff Organisation beschreibt einerseits eine Tätigkeit, andererseit eine Organisationsform, bzw. ein Gebilde oder einen Zustand.

Organisationsziele

Diese Ziele richten sich an den übergeordneten Unternehmenszielen.
- Effizienz: möglichst hohe Produktivität
- Flexibilität / Stabilität / Sicherheit: flexibel gegenüber Veränderungen, Stabil um interne und externe Einflüsse standzuhalten, Sicherheit gegenüber Anspruchsgruppen.
- Motivation: Die Organisation soll animierend und motivierend sein.
- Information: Kontakt zu internen und externen Interessengruppen wahrnehmen.

Organisatorische Beziehungen

Götz Schmidt entwickelte den Organisationswürfel, um die Beziehungen bildhafter darzustellen.

Elemente der Organisation

Aufgabe – Aufgabenträger – Sachmittel

Notizen

_____

_____

_____

Aufgabenträger der Organisation

Jede Aufgabe muss einem Aufgabenträger (Perso) zugewiesen werden.

- Aufgabe: Aufgaben und Funktionen (Stellenbeschreibung)
- Kompetenzen: Festlegung der Befugnisse
- Verantwortung: Die zugewiesenen Aufgaben und Kompetenzen qualitativ und quantitativ sorgfältig erfüllen.

Begriffe der Aufbau und Ablauforganisation

- Stelle: kleinste Einheit einer Organisation.
- Stellengruppe: Mehrzahl von Stellen
- Instanz: Linienstellen
- Verbindungswege: Informations- und Transportwege zwischen Stellen und Stellengruppen
- Dienstweg: Entscheidungs- und Mitteilungsweg zwischen jeder Stelle.

- Delegation: Übertragung von Aufgaben, Kompetenzen an untergeordnete Stellen.
1. Langfristigkeit: längerfristig ausgerichtet.
2. Klarheit: klare Definition
3. Information: ausreichende Informationsversorgung:
4. Fähigkeiten: Fachliche und persönliche Fähigkeiten sind zwingend berücksichtigt.
5. Aufgaben: Die Delegation beinhaltet die vollständige Übergabe von Aufgabe, keine isolierten Teilaufgaben.

Kontrolle

Die Leistungsstelle übernimmt die Überwachungs- und Kontrollpflicht. Stichprobenkontrolle – periodische Kontrolle – Verfahrenskontrolle – Ergebniskontrolle.

Aufbauorganisation

Die Aufbau und Ablauforganisation sind wesentliche Elemente einer Organisation.

Organisationstypen

Wir unterscheiden folgende mögliche Organisationstypen:

- Einlinien und Stablinienorganisation
- Mehrlinien und Matrixorganisation

Dabei wird die Organisationsgliederung in Breiten und Tiefengliederung organisiert.
- Breitengliederung: Kontrolle und Leistungsspanne von Führungspersonen, idealerweise 7-10 Personen.
- Tiefegliederung: Bildung von Instanzen und Zwischeninstanzen zur Reduktion von Unterstellen.

Funktionsorientierte Organisationsgliederung ist für klein und Mittelbetriebe in stabilen Marktverhältnissen geeignet. Die Geschäftsbereiche werden nach Funktionen unterteilt.

Divisionale Organisation
Auf derselben Hierarchiestufe wird nach Divisionen strukturiert. Dabei können sich die Divisionen nach Märkten oder Marktsegmenten richten.

Profit und Cost-Center Organisation
Cost-Center – Profitcenter – Investmentcenter

Produktorientierte Organisationsgliederung
Für Mittel und Großbetriebe

Kundenorientierte Organisationsgliederung
Ebenfalls für Mittel und Großbetriebe mit heterogenen Kunden.

Gebietsorientierte Organisationsgliederung
Großbetriebe und Konzerne

Es gibt noch weitere Mischformen und Organisationsformen.

Organisation der Marketingabteilung
Die Leitung der Marketingabteilung obliegt dem Marketingleiter. Idealerweise ist dieser ein Mitglied der Geschäftsleitung.

Notizen

_____

_____

_____

Produktmanagement

Koordiniert sämtliche Marketingaktivitäten

- Marktforschung
- Analyse
- Marketingmix etc.

Ziele des Produktmanagement:

- Produktfokus
- Marketingmix
- Koordination

Aufgaben des Produktmanagements.

- Verantwortlich für die Produktplanung
- Einsatz Marketingmix
- Koordination interne und externe Stellen

Produktplanung

- Produktinnovationen: neue Produkte
- Produktvariation: Produktverbesserung
- Produktdifferenzierung: Produktlinie ergänzen.
- Produktelimination: Produkt wird „eliminiert"
- Produktdiversifikation: horizontal, vertikal, oder lateral zu den bisherigen Produkten.

Planungsfunktion Marketingmix

Das Produktmanagement übernimmt die Segment bzw. zielgruppengerechte Planung des Marketingmixes.

- Produktpolitik (Product)
- Preispolitik (Price)

- Kommunikationspolitik (Promotion)
- Distributionspolitik (Place)

Die Organisationsstruktur der Marketingabteilung ist nicht fix vorgegeben, sondern sollte individuell nach Unternehmen organisiert werden.

ECR-Konzept

effiziente Konsumentenresonanz bezeichnet eine Initiative zur Zusammenarbeit zwischen Herstellern und Händlern. (Kostenreduktion, bessere Befriedigung der Konsumentenbedürfnisse). Dabei bildet das Category Management die Spitze des ECR.

Category Management Prozess
1. Kategorie Definition
2. Kategorie Rolle
3. Kategorie Analyse
4. Kategorie Ziele
5. Kategorie Strategien
6. Kategorie Taktiken
7. Planumsetzung → Es folgt der 8 Schritt, die Überprüfung.

Organisation der Verkaufsabteilung
- Key Account Management
(Kunden Akquisition – Kundenbindung – Kundenentwicklung)
Wir haben 5 Rollen und Aufgaben des Key-Account Managements.
1. Informationsmanager
2. Teammanager

3. Beziehungsmanager
4. Verkäufer
5. Strategische Geschäftsentwickler

Aus diesen verschiedenen Rollen ergeben sich dann eine Reihe von Kompetenzen und Fähigkeiten, die der Key Account Manager besitzen muss.
- Sozial
- Fachlich
- Formal
- Konzeptionelle
- Soziokulturelle
K.A. Management bedeutet die umfassende Betreuung von Groß-kunden.

Notizen

_____

_____

_____

_____

_____

_____

_____

_____

_____

_____

_____

_____

5 Ablauforganisation

Die Ablauforganisation beschreibt die Abläufe, Prozessintegration, dynamische und operative Arbeitsprozesse.

Wir haben folgende Ziele:
1. Optimierung der Kapazitätsauslastung
2. Verringerung von Durchlaufzeiten
3. Kostenreduktion
4. Qualitätssteigerung
5. Fehlerquote minimieren.
6. Reduktion von Transportaufwand
7. Bessere Termintreue.

Prozessarten

Wir definieren folgende Prozesse
- Managementprozesse.
- Geschäftsprozesse
- Unterstützungsprozesse

Das Kommunikationsquadrat

Sender → Nachricht → Empfänger
Der Sender hat sicherzustellen das der Empfänger die Nachricht korrekt decodiert.

Notizen

_____

_____

_____

Das Johari Fenster
- öffentliche Person: Zeigen wir offen
- Privatperson: bewusst verstecktes und private
- Blinder Fleck: Anderen bekannt, mir unbekannt.
- Unbekanntes Potenzial: mir und anderen unbekannt. Kann durch Psychoanalyse herausgefunden werden.

Konfliktmanagement
Durch verschiedene Charaktere, Einstellungen und Zielvorgaben entstehen zwangsläufig Konflikte.
- Herrschaftskonflikte
- Untegruppenkonflikte
- Zugehörigkeitskonflikte
- Organisationskonflikte

Dabei wird im Konfliktmanagement über Eskalationsstufen gesprochen.

Wir unterscheiden 1-9 Stufen.
1. Verhärtung: Standpunkte verhärten sich.
2. Debatte: Polarisierung
3. Taten statt Worte: Niemand will nachgeben.
4. Koalition: Niemand rückt ab.
5. Gesichtsverlust: Der Rivale wird an den Pranger gestellt.
6. Drohungen: Gegenseitiges drohen.
7. Vernichtung: Rivale ist der Feind.
8. Zersplitterung: Der Rivale soll zersplittert werden.

9. Abgrund: Vernichtung des Rivalen um jeden Preis, auch wenn dies zum eigenen Fall führt.

Notizen

_____

_____

_____

_____

_____

_____

_____

_____

_____

_____

_____

_____

_____

_____

_____

_____

_____

_____

_____

_____

_____

Das Erkennen eines Konfliktes ist Führungssache. Es bedarf dann eines Konfliktmanagement. Die Konflikte werden aktiv besprochen. Ist dies nicht möglich, wird eine dritte Person beigezogen.

Teambildungsprozess
Teamarbeit soll nicht dem Zufall überlassen werden, dafür wurde ein Modell nach Tuckman entwickelt, das aufzeigt wie ein Team sich „formiert"
- Forming (Findungsphase – Kontakt)
- Storming (Auseinandersetzung – Konflikt)
- Norming (Regelungsphase)
- Performing (Arbeits- und Leistungsphase)
- Adjourning (Auflösungsphase)

Die einzelnen Phasen können auch mehrfach durchgemacht werden.

Instrumente der Ablauforganisation
- Flussdiagramm: Darstellung und Analyse von Arbeitsabläufen.
- Arbeitsablaufplan: Stellen bzw. Abteilungen welche bei der Erfüllung von Aufgaben beteiligt sind.
- Balkendiagramm: zeitliche Abfolge von Aktivitäten
- Netzplantechnik: Umfasst alle Verfahren zur Analyse, Beschreibung, Planung und Steuerung.

6 Projektmanagement

Das Führungskonzept „Projektmanagment" wurde in den 50 Jahren vorwiegend für das Militär und die Raumfahrt entwickelt.

Die Merkmale eines Projektes:
- Projektziele
- Projektdauer
- Komplexität
- Einmaligkeit
- Ressourcen

Projekte können nach deren Projektart unterschieden werden.
- Organisationsprojekte: EDV, Bau, Forschungsprojekte
- Umstrukturierungsprojekte: Ausbau von Fabrikanlagen, Produkteentwicklung etc.
- Interne Projekte: Reorganisation, Neuentwicklung Corporate Design etc.

Die Aufgaben des Projektmanagement
Organisation – Planung – Steuerung und Überwachung aller Aufgaben und Ressourcen.

Nutzen des Projektmanagement ist eine Arbeits- und Organisationsform für komplexe, neuartige und zeitlich begrenzte Vorhaben.
Unternehmen können wie folgt profitieren:

- Effektivität: wirkungsvolle / Nachhaltige Problemlösung
- Effizienz: kürzere Bearbeitungszeiten
- Kontrollierbarkeit: gezielte Projektsteuerung
- Plantreue: höhere Plantreue durch professionelle Planung und Steuerung
- Transparenz: verbesserte Transparenz.
- Personalentwicklung: Kompetenzaufbau
- Wissensmanagement: nachhaltiger Wissenstransfer

Erfolgsfaktoren eines Projektes
- Projektwürdige Aufgabenstellung
- Projektauftrag, messbare Ziele
- Machtpromotoren (Beispiel, schnelle pragmatische Projektentscheidungen).
- Kompetente Projektleiter und Teammitglieder
- Soviel Projektmanager wie nötig, nicht wie möglich.
- Zeitliche Freistellung (Freigestellt von der Linientätigkeit)
- Klare Rollenverteilung
- Gezielte Projektkommunikation
- Elektronische Hilfsmittel
- Projektmanagment-Kultur

Vorgehensmodelle im Projektmanagement
- Spiralmodell (Risikogetriebenes Modell)
1. Festlegen der Ziele.
2. Beurteilen von Alternativen.
3. Entwicklung und Test
4. Planung des nächsten Zyklus

Dabei gibt es folgende Schritte.

1. Identifikation der Ziele
2. Evaluierung der Alternative
3. Vorgehensmodell festlegen.
4. Planung des nächsten Zyklus

Das Wasserfallmodell

Das Modell beschreibt den direkten Weg, das Projekt zu entwickeln. Das Projekt wird dabei in Phasen aufgeteilt.

Projektplanung in Phasen

- Initiierung: Grundlagen des Projektes sind definiert.
- Planung: das Projektteam konkretisiert.
- Durchführung / Controlling: Umsetzung und Überwachung
- Abschluss: systematische Beendigung des Projektes
- Nachprojekt Phase: Verantwortliche für die Nachprojekte sind definiert. (Bei Fragen und Anliegen nach Abschluss)

Andere Phasenbeschreibungen:

1. Vorphase
2. Definition
3. Konzept
4. Auslegung
5. Erprobung
6. Transfer

Entscheidungs- und Beratungsinstanzen

Oftmals wird ein Entscheidungskollegium erstellt. Dabei wird ein gemeinsamer Vorgesetzter benötigt.

- Das Entscheidungskollegium: während der gesamten Projektlaufzeit personell unverändert.
- Beratungskollegium: Es wird empfohlen bei größeren Projekten ein Kollegium zu erstellen.

Kurz:
- Entscheidungskollegium: personell unverändert
- Beratungskollegium: Personal verändert sich nach Situation.

Ziele und Umfang des Projektes sind definiert. Es wird eine Aufwands und Kostenschätzung erstellt.
- Finanzielle Ressourcen: Materialkosten, Investitionen etc.
- Personelle Ressourcen: Arbeitsaufwände etc.
- Sachliche Ressourcen: Maschinen, Räume etc.

Mit der Unterzeichnung des Projektauftrags durch Auftraggeber wird das Projekt offiziell gestartet. Zuvor wurde ein Projektantrag gestellt.

Planung des Projektes:
1. Risikoanalyse
2. Aufgabenplanung
3. Termin und Meilensteine
4. Kosten und Ressourcenplan
5. Kommunikationsplan

Nach der offiziellen Freigabe ist es sinnvoll, ein Kick-Off Meeting zu veranstalten. In ca. 1-2 Stunden wird das Projekt nochmals besprochen, abgestimmt und weiter konkretisiert.

Die Durchführung und das Controlling des Projektes erfolgt als Phase 3. Diese Phase beansprucht in der Regel 70-90% der Projektdauer.

Probleme Analysieren und entscheiden.
Ein Problem ist eine Diskrepanz zwischen einer „Ist" und „Soll" Situation.
- Entscheidungsprobleme: Mitarbeiter krank, wer übernimmt?
- Optimierungsprobleme: Wiederkehrende Verspätungen, wie lösen wir das.

Der Problemlösungszyklus empfiehlt ein bestimmtes Vorgehen um mögliche Problemlösungsansätze zu entwickeln.
- Situationsanalyse: Ausgangslage und Aufgabenstellung analysiert und konkretisiert.
- Zielformulierung: Konkrete Ziele anhand der SMART Formel definieren.
- Synthese: Mittels „Brainstorming" Lösungsvarianten erarbeiten.

Methoden und Techniken
Die REFA Planungstechnik dient zur Lösung von Rationalisierungsaufgaben bei der Arbeitsplatzgestaltung oder zur Erfassung von komplexen Abläufen in Produktion, Verwaltung oder Absatz.

Die Stufen
1. Ausgangssituation analysieren.
2. Ziele festlegen und Aufgaben abgrenzen.
3. Konzeption
4. Definition
5. Einführung
6. Einsatz

Entscheidungstheorie
In der Entscheidungstheorie werden Methoden die die einfache Nutzwertanalyse (NWA) angewandt bei dem Kriterien im Sinne von Gesichtspunkten und Alternativen dargestellt, verglichen und bewertet werden.

Um sich der Entscheidung / Möglichkeiten bewusst zu werden, empfehlen sich folgende Reflexionsfragen.
- Welches sind die wichtigen Ziele?
- Was ist mir wichtig?
- Gibt es Musskriterien?
- Welche natürlichen Kräfte im Umfeld könnten mir helfen, unsere Ziele zu erreichen?
- Welches könnten die Grundlagen künftigen Wachstums sein?
- Mit welchen nicht kalkulierbaren Umweltfaktoren muss gerechnet werden?
- Wie komme ich zum gleichen Zeitpunkt auf gute Varianten zur Entscheidungsfindung?
- Welche Technik könnte mir helfen?
- Mit welchen Kriterien erfasse ich den Erfüllungsgrad?

- Ist die Nullvariante mitberücksichtig?

Weitere Planungs- und Entscheidungshilfsmittel
- Balance Scorecard / umfassendes Management Cockpit.
- Nutzwertanalyse / anhand von Kriterien
- Entscheidungsbaum / beginnt mit einem Stamm, mehrer Verzweigungen führen zum Ziel.

Zielgewichtung
unterschiedliche Bedeutungen von Zielen werden durch Gewichtungen zum Ausdruck gebracht.

Information und Kommunikation
Der Projektleiter ist während der Projektrealisation dafür verantwortlich, dass alle Projektbeteiligten in ausreichendem Masse über den Projektfortschritt informiert werden.

Controlling
Eine Kernaufgabe des Projektleiters ist das Controlling während der Durchführungsphase. Durch das Controlling können Abweichungen schnell erkannt und beseitigt werden.

Ablauf eine Controlling
- laufende Ermittlung von aktuellen Ist-Daten.
- Qualität, Leistungen, Ergebnisse, Kosten, Arbeitsaufwände
- Zeit, Termine, Bearbeitungsdauer
- Untersuchung eventueller Abweichungen
- Durchführung geeigneter Gegenmaßnahmen

Die Dokumentation sämtlicher Arbeitsschritte sollte möglichst lückenlos Erfolgen. Dies kann elektronische oder durch manuelle Ablage erfolgen.

Wichtig dabei sind folgende Inhalte:
- Dokumentierte Planungsschritte
- Aktennotizen
- Präsentationen
- Ergebnisprotokolle

Wir kommen zur 4-Phase, dem Projektabschluss.
Hierbei beenden wir die operativen Projektarbeiten.
Typische PM Aufgaben hierbei können sein:
- Evaluierung und Reflexion
- Projektabschlussbericht
- Entlastung und Auflösung Projektorganisation

Jedes Projekt sollte einen formalen Abschluss haben. Sonst gehen wichtige Erfahrungen verloren.

Projektabschlussbericht
Ein kurzer Projektabschlussbericht wird erstellt, wir erwähnen folgende Inhalte:
- Projektbeschreibung
- Projektdetailsplanung
- Projektrealisierung
- Projektergebnisse
- Vorschlag zu weiterem Vorgehen
- Anregungen für zukünftige Projekte

Phase 5 – Nachprojektphase

In dieser Phase werden die Projektergebnisse genutzt, implementiert und umgesetzt.

Notizen

_____

_____

_____

_____

_____

_____

_____

_____

_____

_____

_____

_____

_____

_____

_____

_____

_____

_____

_____

6 Marktforschung

Was ist Marktforschung? Ein objektiver und systematisch gesteuerter Prozess zur Beschaffung, Verarbeitung, Analyse und Interpretation von Marktinformationen. Dabei kennt man die externe (exogene) und die interne (endogene) Betrachtung.
Marktforschung dient aber auch der Kontrolle.

Marktforschung ist systematisch. Marktforschung ist immer auf ein bestimmtes Untersuchungsobjekt ausgerichtet.

Wir unterscheiden zwischen objektiv und subjektiven Untersuchungsgegenständen.
- Objektiv: Umsatzzahlen, Distributionsgrade
- Subjektiv: Kundenzufriedenheit

Die Marktforschung ist auf folgende Aufgaben und Funktionen ausgerichtet:

- Prognosefunktion
- Anregungsfunktion
- Bewertungsfunktion
- Kontroll und Bestätigungsfunktion

Die Einordnung der Marktforschung in das Marketingmanagement sieht wie folgt aus:
- Analyse
- Planung und Konzeption
- Durchführung

- Kontrolle

Eine systematische Vorgehensweise in der Informationsbeschaffung ist grundlegend. Ein systematischer Prozess läuft wie folgt ab. (5D`s)
Definition → Design → Datenerhebung → Datenauswertung → Dokumentation. Wir nenne das auch das 5D Modell.

Verwandte Disziplinen der Marktforschung sind:
- Marketingforschung (Marketingrelevante Infos)
- Meinungsforschung (Politisch)
- Soziale Forschung (Einkommensverteilung)

Ablauf einer Marktforschungsstudie
1. Zielformulierung (Möglicht detailliert notieren).
2. Umschreibung de Marktforschungsstrategie
3. Planung der Marktforschung
4. Realisation der Marktforschung
5. Umsetzung der Marktforschungsergebnisse

Leistungen der Marktforschung
Die Marktforschung liefert einem Unternehmen alle relevanten Informationen über den gesamten Markt.

Ziele der Marktforschung
- umfassende Analyse des Marktgeschehens.
- Ermitteln von Chancen und Gefahren (extern / exogen)
- Ermitteln von Stärken und Schwächen (intern / endogen)

- die marktgerechte Gliederung der Märkte in Teilmärkte und Marktsegmente und deren Potenzialbestimmung
- Prognose der Marktentwicklung
- Innovationsfunktion: Chance und Entwicklungen aufdecken.
- Früh warn Funktion: Risiken frühzeitig erkennen.
- Unsicherheiten reduzieren.

Ziele betreffend Strategien
- spezifische Voraussage der Wirkungen.
- Ermitteln der Werte und Einstellungsveränderungen
- Motivation und Bedürfnisse rechtzeitig erkennen.
- Die Segmentierung der Märkte und Zielgruppen

Ziele betreffend Marketing-Mix.
- Entdecken und erfassen von Problemen.
- Analyse der Wirkungen von Maßnahmen
- Voraussage der Wirkungen
- Die Feinpositionierung der Produkte

Ziele betreffend Marktdaten.
- Kontrolle von Veränderungen
- Bedürfnisse, Probleme, Kauf Kriterien.
- Kauf- und Verbrauchsverhalten
- Markt- und Distributionskennziffern

Was kennen wir für Marktteilnehmer?
Wir – Konkurrenz – Multiplikatoren – externe Beeinflusser – Produktverwender

Die Umweltfaktoren sind alle Einflüsse, die einen Markt umgeben.

MSTÖÖPFR

- M = Medial
- S = sozial
- T = technologisch
- ö = ökologisch
- ö = ökonomisch
- P = politisch
- F = finanziell
- R = rechtlich

Wichtig, die Marktkennzahlen
- Marktkapazität: maximale Aufnahmefähigkeit
- Marktpotenzial: die maximale Aufnahmefähigkeit eines Marktes
- Marktvolumen: das effektiv im Markt abgesetzte Volumen
- Marktanteil: der eigene Anteil am Markt des gesamten generierten Volumens.
- Sättigungsgrad: Volumen x 100 / Potenzial.

Die Umweltfaktoren
→ **MSTÖÖPFR (siehe oben).**

Die primär und Sekundärforschung
- Primär: Daten werden extra erhoben.
- Sekundär: Hier liegen bereits Daten und Ergebnisse vor.

Sekundäre Marktforschung ist einfach, wir können dafür vorhandene Quellen nehmen.
- Interne Quellen: Intranet, Data- Warehouse, Umsatz / Absatz etc. - externe Quellen: Bundesamt für Statistik etc.

Es wird empfohlen immer erst mit der sekundären Marktforschung zu beginnen, diese ist schnell und kostengünstig. Wichtig dabei ist, zu klären, ob die Daten auch relevant sind.

Primäre Marktforschung
Alle Daten müssen erst erhoben werden.

Die Grundgesamtheit
Wird auch Universum genannt und ist die Summe aller möglicher in Frage kommender Abnehmer für eine Frage.

Verschiedene Typologien nach Hippokrates
- Choleriker: aufbrausend, jähzornig, zielstrebig, ausdauernd.
- Sanguiniker: Sprung und lebhaft, heißblütig, freundlich innovativ
- Phlegmatiker: Couchpotato, der verlässliche
- Melancholiker: düsterer Mensch, der negative

Typen nach Demo SCOPE
- Alpha: sportlich, kulturinteressiert, effizient.
- Beta: Konsumfreudig, markenorientiert, bewegt sich mäßig.
- Sigma Typ: Sonnyboy und Lebemann
- Gamma Typ: der Revoluzzer, intellektuell, Kultur und Politik Vernarrt

Die Stichprobe
Die Stichprobe soll die Grundgesamtheit widerspiegeln. In der quantitativen Marktforschung muss sie repräsentativ sein.

Wesentliche Merkmale sind Geschlechte, Alter, Bildung, Kaufkraftklasse. Das bedeutet, wenn 80% der Käufer Männer sind, sollte dies in der Stichprobe auch der Fall sein. (Stichprobe muss die Grundgesamtheit widerspiegeln).

Das Auswahlverfahren zur Ziehung der Stichprobe ist in der Praxis sehr Komplet und könnte folgende Möglichkeiten beinhalten:

1. Wahl der Stichprobe
2. Random (zufällige Auswahl) oder
3. Quota (eine bewusste Auswahl)

Random
- Adressen
- Nummerieren
- Anzahl Adresse

- Zufallsgenerator

Vorgehen bei der Quota Auswahl
- Merkmale bestimmen.
- Struktur geben.
- Bestimmung der Stichprobengröße
- Anzahl Interviews

Wir kennen noch Mischformen, dass nennt sich dann Random-Quota. Das wird dann angewendet, wenn die Grundgesamtheit groß ist. Diese eignet sich für telefonische Befragungen.

Bei Teilerhebungen mit einer Stichprobe werden die Erhebungen oftmals durch einen Fehler verzerrt. (BIAS). Dabei sprechen wir von zwei Fehlerarten:
- Der systematische Fehler (Abweichung von einem wahren Wert. Aber nicht zufällig.
- Der statistische Fehler, dieser Wert lässt sich berechnen.

Formel: $e = t \times$ Wurzel $(p \times q) / n$
e = Stichprobenfehler in %
p = % Anteilswert der Personen, welche ein Merkmal erfüllen.
q = 100% minus p = Anteilswert der Personen, welche ein Merkmal nicht erfüllen.
n = Stichprobengröße (oder N für Fallzahl)
t = gewählter Sicherheitsfaktor

Die Stichprobengröße

Wie groß wählen wir eine Stichprobe damit die Ergebnisse im Schwankungsbereich liegen.

Hierfür gibt es die Formel:

$n = t(2) \times p \times q / e(2)$

Die Befragung

Die Befragung stellt die wichtigste Form der Datenerhebung dar. Relevante Daten werden durch Befragung gewonnen.

Wir unterscheiden:

- Methodischer Einsatz: qualitativ / quantitativ
- Art der Kommunikation: schriftlich / persönlich
- Anzahl der Untersuchungsthemen: Einthemen / Mehrthemen

Die quantitative Befragung repräsentiert die Grundgesamtheit. Die qualitative Befragung hat die Aufgabe, Motive und Einstellungen zu erfassen. Das WARUM?

Unterschiede quantitativ und Qualitativ
- quantitativ: Umfrageforschung / Wie viel?
- qualitativ: Motivforschung / Warum? Wieso?

Qualitative Befragungen haben nicht den Anspruch, repräsentativ zu sein.
Quantitative Befragungen zielen darauf ab, eine Vielzahl statistisch auswertbarer Daten zu erhalten.

Wir kennen folgende Befragungsarten:
- Face to Face
- Telefonisch
- Schriftlich
- Online

Der Fragebogen
1. Festlegung der Frageinhalte
2. Festlegung der Frageformen
3. Festlegung der Frageformulierung
4. Festlegung der Reihenfolge
5. Formale Gestaltung des Fragebogens

Für den Fragebogen können diverse Arten von Fragearten gewählt werden. Hier die Zusammenfassung:
Direkte Fragen, indirekte Fragen, Programmfrage (WAS), Testfrage.

Dabei unterscheiden wir noch die Form der Frage:
Offene Frage – geschlossene Frage – halboffene Frage – Skala Fragen. (Ankreuzen 1-5)

Befragungsort
- In Hall / Testlokal
- In Home / im Wohnzimmer

Die Beobachtung

Wird immer wieder erwähnt, ist jedoch selten. (Observation)
Im natürlichen Umfeld nennt sich das, Feldbeobachtung, im Labor oder oder speziell dafür eingerichteten Räumen wie der Name bereits sagt, Laborbeobachtungen. (Experimentelle Studien)

Biotisch – Semi-biotisch – Nicht-biotisch

- Biotisch: Wir wissen nicht, wer und das wir beobachtet werden.
- Semi-Biotisch: Wir wissen wo, aber nicht, ob wir beobachtet werden.
- Nicht-biotisch: Wir wissen wann und wo wir beobachtet werden.

Kommunikationsforschung

Ist im Marketing von grosser Bedeutung, denn dies ist eine Teildisziplin der Marktforschung und kann unterteilt werden.
- Kommunikatoren (Personen die für die Medien arbeiten)
- Medieninhalte (Themen und Tendenzen)
- Medien (Einzelne Produkte, oder auch Mediengruppen)
- Publikum der Medien (Besteht eine Übereinstimmung zu unserer Zielgruppe)
- Beeinflussung der Medien (Wie wird das Wissen und die Einstellung der Leser beeinflusst).

Marktforschungsstudien

Das Projekt lässt sich in folgende wichtige Unterschritte teilen:

1. Konzeption (Aufgabenstellung definieren).

2. Vorbereitung (Budget, Termine, Organisation etc.)

3. Durchführung (Feldarbeit, Rücklaufkontrolle, etc.)

4. Analyse und Interpretation (Datenaufbereitung)

5. Umsetzung (Empfehlungen ausarbeiten, Resultate präsentieren).

Wichtig ist dabei das Briefing, dieses ist wie ein Konzept aufgebaut.

Notizen

_____

_____

_____

_____

_____

_____

_____

_____

_____

_____

_____

_____

_____

_____

7 Statistik

Statistik dient dazu, Risikominderung zu betreiben.

Wie in der Marktforschung sprechen wir auch bei der Statistik von primären und sekundären Quellen.

Daten welche bereits einmal erhoben wurden oder im Zusammenhang mit einer anderen Forschung erfasst worden sind, gehören zur Sekundärstatistik.

Der Ablauf:
- Problemdefinition
- Analyse des Materials
- Datenerfassung
- Aufbereitung
- Auswertung
- Interpretation

Verhältniszahlen

Sprechen wir im Marketing über Marktanteile, Sättigungsgrad, Distributionsgrad und Faktor, so handelt es sich dabei um statistische Messzahlen.

Der Index

Der Index ist eine Verhältniszahl, die verschiedene zeitliche Perioden miteinander vergleicht.

Messen von Zusammenhängen.

Wir kennen zwei Begriffe:
- die Regression / besteht ein Zusammenhang?
- Die Korrelation / Wie hoch ist der Zusammenhang?

Die Regression: Wir stellen uns die Frage, kann ein Ereignis einen mit dem Kundenverhalten in Zusammenhang stehen.

Die Korrelation: Die Korrelation misst die Stärke einer statistischen Beziehung von zwei Werten zueinander.

Zeitreihen
hier machen wir eine Analyse über die Zeit verteilt.

Prognosen (Vorhersagen)
Hier einige Erfordernisse einer Prognose
1. Nichttrivialität.
2. Objektivität / Überprüfbarkeit
3. Validität / wird prognostiziert, was prognostiziert werden soll?

Notizen

_____

_____

_____

_____

_____

Formeln für die Prüfung

Mittelwerte / Modus / Median

Hier Formeln selbst notieren oder einkleben.

Formeln:

Formeln für die Prüfung:

Spannweite / durchschnittliche mittlere Abweichung / Standardabweichung / Regression / Korrelation

Hier Formeln selbst notieren oder einkleben.

Formeln

7 Marketing

Die Herleitung des Marketings aus Sicht der Unternehmung.
Marketing heißt „marktgerechte" und „marktgerichtete" Unternehmensphilosophie.

1. Unternehmenskonzept
2. Marketingkonzept
3. Marketingmaßnahmen
4. Operative Konzepte im Marketing
5. Erfolgreiche Umsetzung

Am Anfang steht die Vision.
Unternehmenskonzept:
- Ausgangslage
- Zielgruppen
- Ziele
- Zeitraum
- Strategie basierend auf ANSOFF.

SGF = strategische Geschäftsfelder
SEP = strategische Erfolgspositionierung
SGE = strategische Geschäftseinheit

Das Unternehmenskonzept ist das Steuerungskonzept und für am Ende ins Marketing. Die Marketingaktivitäten werden im Marketingkonzept zusammengeführt.

Das Unternehmenskonzept ist wie folgt aufgebaut.
(ANKER Konzept nach SMIMAC, Quelle SWIMAC)

- Ausgangslage (Analyse – Was liegt vor, was haben wir?)
- Zielgruppe (Für wen machen wir das Ganze?)
- Ziele (Was wollen wir erreichen?)
- Zeitraum (Wann werden wir es erreichen?)
- Zielgebiet (Wo werden wir es erreichen?)
- Strategie (Was sind die wichtigsten Betrachtungen?)
- Maßnahmen (Wie setzen wir das Bisherige erfolgreich um?)
- Budget (Was kostest unser Konzept?)
- Kontrolle (Wie kontrollieren wir unser Konzept?)

Was machen wir in der Ausgangslage?
Wir Betrachten die Stärken und Schwächen, sowie die Chancen und Gefahren.

Die Zielgruppe
Wer ist die Zielgruppe? B2B, BTC, etc.

Die Ziele
Wir definieren unsere Ziele SMART
- spezifisch.
- Messbar
- Akzeptanz / erreichbar
- Realistisch
- Terminier

Der Zeitraum
Genaue Angabe der Dauer, Start – Ende

Das Zielgebiet
Wo wird das Konzept umgesetzt.

Die Strategie
Was können wir gut und welche Chancen haben wir, ist viel Geld vorhanden und wie kontrollieren wir alles.

Die Maßnahmen
Was muss gemacht werden.

Das Budget
Eine Zusammenfassung der Kosten, eine Schätzung.

Die Kontrolle
Wir kontrollieren so viel wie nötig.

Notizen

_____

_____

_____

_____

_____

_____

_____

Das Marketingkonzept

1. Für das Marketingkonzept beginnen wir ganz am Anfang und analysieren. Was haben wir und wo stehen wir. (Marktforschung Kapitel 6.)

2. Wir analysieren uns und unser Umfeld und nutzen die SWOT Analyse für unsere Entscheidung.

3. Welche Märkte wollen wir bearbeiten?

4. Welche Strategie verwenden wir?

5. Wir erstellen einen Maßnahmenplan.

6. Was für eine Infrastruktur steht uns zur Verfügung?

7. Was für ein Budget ist vorhanden?

8. Wir beginnen mit der Umsetzung durch die 4-7 P`s.

9. Wir kontrollieren Punkt 1-8.

Der Produktlebenszyklus
- Einführungsphase / bis hierhin nur Investitionen
- Wachstumsphase / ab hier Gewinn
- Reife-Phase / Höhepunkt fast erreicht.
- Sättigungsphase / das Ende naht.
- Degenerationsphase / (Rückgangsphase)
- Recycling Phase / Rückgang vom Markt, möglichst kostensparend.

Die BCG-Matrix
Portfolioanalyse für das strategische Management.
Sie verdeutlicht den Zusammenhang zwischen Produktlebenszyklus und Kostenerfahrungskurve.

- Question Mark / hier wissen wir nicht, wohin die Reise geht. Meist mit hohen Kosten verbunden.
- Star / Wir verdienen Geld, investieren aber weiter.
- Cash Cow / Wir investieren nicht mehr und verdienen viel.
- Poor Dog / Wir vernichten nur noch, bauen ab.

Das Pareto Prinzip wird eigentlich häufig im Verkauf angewendet. Es bedeutet, dass wir mit 20% der Kunden 80% des Umsatzes machen. / Es kann auch umgekehrt sein. Beides hat vor und Nachteile. Klumpenrisiko etc.

Das Porter Modell

Die Ergebnisse dieses Modell können in die SWOT Analyse einfliessen. Hier werden die Kräfte beschrieben, die auf das Unternehmen einwirken.

- Bedrohung durch den Markteintritt neuer Mitbewerber.
- Verhandlungsstärke der Kunden
- Bedrohung durch Ersatzprodukte
- Verhandlungsstärke der Lieferanten

Integriertes Marketing bedeutet, dass Marketing auf zweiter Hierarchiestufe integriert ist und somit bis zur Produktion alles mitbestimmen kann. (Verpackung, Design etc.)

Der Businessplan wird benötigt, um unter anderem an finanzielle Mittel zu gelangen. Es beinhaltet die Vision und Strategie und formuliert die Ziele der Unternehmung. Ein Businessplan ist strukturiert wie folgt aufgebaut:

- Zusammenfassung
- Unternehmen / Vision / Strategie
- Produkte und Dienstleistungen
- Markt und Kunden
- Konkurrenz
- Marketing
- Produktion / Lieferung / Beschaffung
- Forschung und Entwicklung
- Standort / Administration

- Information und Kommunikation
- Management, Führung, Organisation
- Risikoanalyse
- Finanzen

Markt und Segmentstrategie

Der Markt ist ein gesamtes Gebilde einer Produktkategorie. Ein Teilmarkt ist ein „Teil" davon.

Gesamtmarkt (Beispiel: Schokolade)
- Teilmarkt 1 – vegane Schokolade
- Teilmarkt 2 – zuckerfreie Schokolade
- Teilmarkt 3 – weiße Schokolade.

Notizen

_____

_____

_____

_____

_____

_____

_____

_____

_____

_____

_____

_____

Die Marketingstrategien

Strategien festzulegen ist einfach. Marktkennzahlen sind für die Planung ein wichtiger Indikator.

1. Marktentwicklungsstrategie: Wird beim Marktleader angewendet. (Kommt ca. 4% vor)
2. Teilmarktentwicklungsstrategie: Wird angewendet, wenn zwei Teilmärkte zusammengelegt werden. (Kommt ca. 1% vor)
3. Wettbewerb und Konkurrenz Strategie: Wird angewendet, wenn man im Markt gegen die Konkurrenz antritt. (Kommt ca. 95% vor)

Es existieren noch andere Marketingstrategien, diese voran genannten sind aber die, welche am meisten genutzt werden.

Die Marketingziele

Wir unterscheiden zwischen qualitativen und quantitativen Zielen.
- Qualitative Ziele werden zuerst genannt, darauf folgen die quantitativen Ziele.

Woher kommen die Marketingziele:
- Vision: Unternehmensgründer.
- Leitbild: Unternehmensleitbild
- Unternehmensstrategie: strategisches Management
- Geschäftsbereichsziele: strategisches Marketing
- Funktionsbereichsziele: operatives Marketing

Die Positionierung

Wir unterscheiden unterschiedliche Formen des Positionierungsinhaltes. (Je nach Marketingstrategie)

Marktentwicklungsstrategie → Positionierung aus Sicht des Kunden.

Teilmarktentwicklungsstrategie → Positionierung gegenüber dem Konkurrenten.

Wettbewerbsstrategie → Positionierung gegenüber dem Konkurrenten.

Die Marktbearbeitungsstrategie

Festlegung des Absatzweges und Absatzkanales

Wir legen den allgemeinen Absatzweg fest.
- Direkt: Absatz über eigene Verkaufsorgane
- Indirekt: Absatz über den Handel

Wurde der Entscheid „direkt / indirekt" gewählt. Kann nun beim indirekten Vertrieb noch zwischen exklusiv, selektiv und intensiv gewählt werden.

PUSH oder Pull Relation?

- Push → Hauptsächlich über Verkaufsförderung
- Pull → Nachfragesog aufbauen.

Die Pull-Strategie können sich meist nur größere Unternehmen leisten.

Die Grobmaßnahmenplanung
Wir entscheiden uns, ob wir 4P`s oder 7P`s anwenden.
Product / Price / Promotion / Place / Physical / People / Processing.

Die Marketing-Infrastruktur
Die Marketinginfrastruktur besteht aus folgenden Bestandteilen:
- Personelles
- Anlagen
- Finanzen
- Führungsinstrument
- Marketinginformationsysteme

Das Produkt (1.P)
Produkteigenschaften
- Hauptnutzen
- Nebennutzen
- Zusatznutzen
Verpackung
Qualität
Marke
Inhalt

Der Preis (2.P)
- Konditionen
- Leasing
- Rabatte
- Skonto
- Gütersteuern

Promotion (3.P)
- Werbung
- Direktmarketing
- Produkt Public Relations
- Multimedia Kommunikation
- Event
- Messe
- Sponsoring
- Verkaufsförderung
- Verkauf oder Verkaufsplanung

Die Distribution (4.P)
Vertrieb
Logistik
Standort

Physical Facilities (5.P)
- Layout
- Design
- Look-like.
- Einrichtung

People (6.P)
- Kunden
- Mitarbeiter
- Interaktives Marketing

Prozesse (7.P)
- Aufbau
- Ablauf
- Organisation

Die Preisbildung
Der Preis ist das Entgelt oder der Gegenwert für eine erbrachte Leistung.
Der Preis ist die einzige Komponente die Einkünfte generiert. Dies zeigt wie wichtig der Submix „Preis" (2.P) ist.

Ziele der Preis und Konditionenpolitik:
- Gewinnbringende Preise für Produkte und Dienstleistungen
- Aus Sicht der Kunden gerechtfertigte Preishöhe und Konditionen.
- Aus Sicht der Multiplikatoren müssen die Preise logisch und fair sein.
- Profilierungsinstrument bei einer Tiefpreisstrategie
- Umsatzfördernde Rabatt und Margenpolitik.

Aufgaben der Preis und Konditionenpolitik.
- Definition der generellen Preispolitik
- Bestimmung der konkreten Preishöhe

- Bestimmung und Preise für einzelne Artikel
- Änderung und Anpassung von Preisen und Konditionen
- Bestimmung der Zwischenhandelsmargen
- Definition eines Rabattsystems
- Durchführung von Preisaktionen

Kriterien zur Bestimmung der Preispolitik
- Nachfragesituation
- Konkurrenz
- Lebenszyklus
- Preisniveau
- Transparent
- Herstellungskosten
- Spezialisierungsgrad
- Kapazität unserer Produktion

Preiselastizität
- unelastisch = die Nachfrage bleibt starr, egal in welche Richtung sich der Preis bewegt. Wir zahlen fast jeden Preis für ein Produkt.

- elastisch = verändert sich der Preis um +/- 20% verändert sich die Menge viel mehr.

Die Marke
Das Vorstellungsbild des Konsumenten definiert die Marke.
- Markenwesen: verbal / visuell / akustisch
- Markensorte: Wortmarke / Bildmarke / Wortbildmarke

Die Markenstrategie

- Ausgangslage schildern.
- Zielgruppe definieren.
- Ziele – Was wollen wir erreichen?
- Zeitraum - Definieren
- Zielgebiet – definieren.
- Strategie – Entwickeln
- Maßnahmen – Festlegen
- Budget – Festlegen
- Kontrolle – Maßnahmen kontrollieren.

Produktlinienerweiterung – Line Extension
Brand Extension – Marke wird auf ein neues Produkt übertragen.
Multi Brand – Mehrere Marken im selben Produktbereich
New Brand – komplett neue Marke
Monomarkenstrategie – zu jedem Produkt wird eine eigene Marke
und ein eigenes Markenimage erschaffen.

Export und Import

Wir beschäftigen uns Hauptsache mit dem Export, da der Import
bei weitem nicht so kompliziert ist.

Was müssen wir beim Export beachten?

- Wohin exportieren wir?
- Was nutzen wir für Transportwege?
- Welche Transportmittel nutzen wir?
- Wie wird vor Ort distribuiert?
- Transportkosten?

- Ablauf der Verzollung?

Wir erstellen wieder ein Konzept für die Internationalisierung:
- Situationsanalyse: In welche Märkte wollen wir expandieren?
- Zielgruppe: Wir suchen einen Entscheidungsträger.
- Ziele: Wir definieren quantitative und qualitative Ziele.
- Strategie: Einstiegsstrategie festlegen.
Zum Beispiel: Bearbeiten wir nur Ballungsräume in einem Land?
In welchen Zeiten bearbeiten wir die Ballungsräume?
- Finanzierung: Haben wir ein solides Budget und eine Finanzplanung?
- Maßnahmen: Marketing Mix vorhanden?
- Kontrolle: Wir kontrollieren, mittels einem Kontrollplan

Das strategische Denken ist nur ein Teil des kompletten Konzeptes. Es ist eingebettet zwischen Ausgangslage und Zielgruppe.
Wir kennen folgende „Strategien".
- Die Strategie → von höchster Bedeutung (5-10 Jahre)
- Die Taktik → von mittlerer Bedeutung (1-5 Jahre)
- Die Disposition → Tiefe bis mittlere Bedeutung (bis 1 Jahr)
- Situativ → im jetzt aktuell

Die Zusammenhänge zwischen Marktposition und Wettbewerbsvorteilen auf den Ebenen „Angebot und Ressourcen"
- Marktposition = exogen = Marktattraktivität
- Wettbewerbsvorteile = endogen = Wettbewerbsvorteile

Einfach dargestellt finden wir das in der McKinsey 9 Felder Matrix. Wie hoch ist die Marktattraktivität? Wie hoch ist der relative Wettbewerbsvorteil. Wenn wir das analysiert haben, erkennen wir die daraus resultierenden Maßnahmen.

Wir halten hier die Grundsätze des strategischen Managements fest:

- Ausnützung der relativen Stärken und Schwächen
Instrumente: Stärken / Schwächen Profil – Benchmarking
- Konzentration der Kräfte: ABC-Analyse auf verschiedenen Ebenen.
- Ausnutzung von Umfeld und Marktchancen: SWOT – positives Denken..
- Ausnutzung von Kooperationsmöglichkeiten: Verträge und Absprachen, Joint Ventures. Fusionen.
- Wirtschaftlichkeit und Einfachheit: Funktions- und Wertanalyse.

Diese Grundsätze nennt man auch die Ressourcenplanung.

Die Aufgaben des strategischen Managements umfassen die Maßnahmen und Entscheidungen die eine Konkretisierung der Unternehmensphilosophie und der Vision darstellen.

Die Geschäftsfelder
Die Geschäftsfelder sind in das Unternehmenskonzept eingebettet. Wir finden folgende Geschäftsfelder:
- Strategische Geschäftsfelder (SGF) wichtigster Teilmarkt

- Strategische Erfolgspositionierung (SEP) Positionen die ein Unternehmen bestens beherrscht.

- Strategische Geschäftseinheit (SGE) Eine Organisationseinheit welche für das Unternehmen von höchster Bedeutung ist.

Die Portfolio BCG Matrix
Der Markt wird in Vier Felder aufgeteilt. (Siehe Seite 66).

Corporate Strategie = Gesamtunternehmensstrategie
Wird bei größeren Unternehmen übergreifend auf mehrere Unternehmensteile als Ziel definiert.

Wie setzten wir das strategische Management um?
1. Vision definieren.
2. Strategische Grundhaltung festlegen.
3. Mission definieren.
4. Formulierung der Geschäftsstrategie
5. Formulierung der Funktionsstrategie
6. Bewertung der Konsolidierung (Sicherung / Festigung)
7. Aktionsprogramme auf Geschäftseinheitsebene
8. Aktionsprogramme auf Funktionsebene
9. Ressourcenzuweisung
10. Budgetierung der Geschäftsebene
11. Budgetierung der Funktionsebene
12. Budgetierung und Genehmigung der strategischen und operativen Mittel.

Die Diffusionskurve (Rogers Kurve)

Diese Kurve erklärt Entwicklungen und Innovationen sowie die Verbreitung auf dem Markt.

- Innovatoren (Etwas innovatives)
- Die Ersten (Pre Order)
- Die Mehrheit (Für oder gegen die Innovation)
- Die späte Mehrheit (die Innovation einsetzten)
- Die „konservativen" oder Nachzügler

Notizen

_____

_____

_____

_____

_____

_____

_____

_____

_____

_____

_____

_____

_____

_____

_____

_____

8 Vertrieb - Distribution – Verkauf

Grundlagen zu Distribution und Verkauf
In der folgenden Zusammenfassung wird erklärt, wie das Produkt zum Kunden kommt.

Damit der Vertrieb (Verkauf und Distribution) funktioniert, muss man die wichtigsten Einflussfaktoren kennen.

- Produkt: Konsumgut? Investitionsgut?
- Marktlage: Gesättigter / ungesättigter Markt?
- Abnehmerkreis: Multiplikatoren? Gebrauchs-/Verkaufsgüter?
- Zeit: Schnell / Mittel langfristiger Kaufentscheid
- Konkurrenz: Stark oder schwach?
- Verkaufsort: Beim Endverbraucher oder Verwender?
- Verkaufssituation: Persönlich / unpersönlich?

Die theoretische Grundlage bildet das dritte und vierte P.
(Promotion und Place)
- Promotion: Verkaufsplanung
- Place: Logistik – Standort – Distribution

Wir grenzen hier von anderen „Mix und Instrumenten" ab.

Begriffserklärungen:
- Verkaufsplanung: optimaler Einsatz betreffend Absatzplanung.
- Logistik: physische Distribution (Warenverschiebung etc.)
- Standort: Wo wird die Ware verfügbar gemacht?
- Distribution: Planung der Verfügbarkeit

- Just in time: zur richtigen Zeit, am richtigen Ort, in der richtigen Menge und zum richtigen Preis.
- Planung: das wichtigste Element. Kurz, Mittel, langfristig?
- Operative Planung: Vorbereitungsphase

Wichtige Begriffe: (tauchen immer wieder auf).
- Situationsanalyse: Wir analysieren die Situation.
- Zielgruppen: Teile von Segmenten. (Potenzielle Käufer)
- Ziele: MARS.TV

M = messbar

A = erreichbar

R = realistisch

S = spezifisch

. = punktuell

T = terminiert.

V = Verantwortung

Wird die MARS.TV Formel eingehalten, wird zwischen Vorökonomisch und ökonomisch unterschieden.

Die Distribution
Logistik – Standort – Vertrieb
Im Marketingmix ist das vierte P gemeint.

Wahl der Absatzwege: (Siehe auch Seite 70)
- Direkt
- Indirekt

Hier geben wir die Strategie für die Distribution vor. In der Praxis kommt häufig eine Mischform vor: direkt und indirekt.

Absatzkanäle nennt man auch Multiplikatoren.
- Absatzhelfer: Agenten, Makler, Broker etc.
- Absatzmittler: Organisiert Handel (Beispiel: Großhandel)

Übergeordnete Ziele sind auch das „Just-in-Time". Dabei wird vor allem der Lagerbestand drastisch reduziert.

Die Distributionskennzahlen:
- Numerische Distribution: Anzahl Läden in % welche diese Warengruppe, bei diesem Kanal führt.
- Gewichtete Distribution: Umsatz dieser Läden in % am Warengruppen Umsatz-Ziel.
- Distributionsfaktor: gewichtet geteilt durch numerisch.
Ist das Resultat 1 oder größer, so ist der Distributionsfaktor „gut".

Distribution → vom Unternehmen zum Kunden.

Das Zielgebiet:
In welchem Gebiet verteilen wir unsere Waren / Güter / Dienstleistungen und Produkte? National oder international?

Der Zeitraum
In welcher Zeitspanne ist unser Konzept geplant.

Die Distributionsstrategie

Wie definieren wir die Verfügbarkeitsmachung über längere Zeit? Alles was mit Distribution zu tun hat, kann mittels „Flussdiagrammen" dargestellt werden.

Die Maßnahmen

Der Maßnahmeplan ist eher einfach. (Im Vergleich zum Marketing Plan)

Budget:
Wir erstellen ein übersichtliches Budget.

Die Kontrolle
Der Ist Zustand wird mit dem Soll Zustand verglichen.
Nicht nur Ziele, sondern auch Schritte kontrollieren.

Verkauf

Der „Verkäufer" ist ein Teil des Marketing-Mix. Viele weitere Faktoren tragen zum Erfolg / Misserfolg bei.

Der Verkäufer hat den Auftrag, die Produkte zu einem festgelegten Preis dem Käufer anzubieten. Meist ist der Verkäufer die einzige Bezugsperson, welcher der Käufer zu seinen Lieferanten hat.

Feldverkauf = der Verkäufer geht ins Feld, zum Kunden.
Platzverkauf = der Kunde kommt auf Platz, zum Verkäufer.

Die Aufgabe des Verkaufs ist somit, Kundenkontakte möglichst produktiv und gewinnbringend zu gestalten.

Der Verkauf ist ein zwischenmenschlicher Beeinflussungsprozess, um direkt oder indirekt den Vertragsabschluss herbeizuführen.

Planung im Verkauf
In der Praxis herrscht of eine Planungsfeindlichkeit. Besonders kleinere und mittlere Betriebe sträuben sich gegen Pläne, vor allem wenn diese längerfristig sind. Doch ohne Planung und Ziele lässt sich heutzutage kein Unternehmen wirtschaftlich führen.

Phasen der Planung
1. Vorbereitungsphase (Sammeln von Informationen)
2. Durchführungsphase (Verarbeitung der Informationen)
3. Nachbearbeitungsphase (Kontrolle)

Das Verkaufskonzept
Auch ein Verkaufskonzept ist nichts anderes als ein Konzept. Das bedeutet wir haben folgende Schritte, die immer dieselben sind.

1. Ausgangslage
2. Situationsanalyse
3. Ziele
4. Feldgröße definieren.
5. Primäre oder sekundäre Verkaufsplanung
6. Budget
7. Kontrolle

Wichtig sind die Begriffe, diese werden hier erklärt:

Ausgangslage:

Was haben wir für Daten? Kundenkartei, Abverkaufszahlen, Kundenstrukturen etc.

Die Situationsanalyse kann in folgende Gruppen gegliedert werden:
- Stärke: Was können wir gut?
- Schwäche: Wo liegen unsere Schwächen?
- Fazit: Eigene Fähigkeit in Bezug auf Stärken und Schwächen
- Chancen: Welche Chancen auf dem Markt haben wir?
- Gefahren: Welche Gefahren birgt ein Markt?
- Fazit: Attraktivität des Marktes
- Marktmöglichkeiten: Erarbeiten von besseren Grundlagen und Rahmenbedingungen

Vorökonomisch:
- Kundenbindung
Service, Dienstleistung, Zusatzleistung etc.
- Kundenzufriedenheit
Der Verkäufer kennt die Produkte bestens und kann den Kunden optimal beraten.
- Image beim Kunden
Die Kunden werden zur Zufriedenheit befragt.
- Personelle Ziele
Kleine, tiefe oder unter dem Schnitt liegende Fluktuation.

Ökonomisch

- Umsatz: Pro Verkäufer / Pro Produktegruppe
- Absatz: verkaufte Menge
- Deckungsbeitrag: Pro Verkäufer
- Kundenzahl: Pro Verkäufer / Produktegruppe etc.
- Anzahl Kundenbesuche: Pro Verkäufer / Pro Kurdengebiet
- Anzahl der Verkaufsstellen: Pro Verkäufer / Gebiet / Region
- Verkaufspromotion-Platzierung: Pro Verkäufer / Kundengruppe

Die 6 Subvariablen

1. Produktselektion
2. Kundenselektion
3. Kontaktperiodizität
4. Kontaktqualität

Der Verkaufsstufenplan

Der geborene Verkäufer hat diesen Plan im Blut.
Dennoch notieren wir hier die Aktivitätsschritte.

- Vorbereitungsphase
- Durchführungsphase
- Nachbearbeitungsphase

Die Verkaufsorganisation

- Außendienstmitarbeiter: Bindeglied zwischen Kunde und Unternehmung.
- Merchandiser: Fokus auf Kundenbindung
- Rack-Shopper: Betreut ein Rack
- Demonstrant: Führt waren am POS vor.

- Verkaufsinnendienst: Berät und betreut den Kunden von innen.
- Key-Account Manager: Betreut Schlüsselkunden
- Regionalverkaufsleiter: Leitet ein Team von Verkäufern
- Verkaufsleiter: Führt und leitet die Verkaufsorganisation.
- Category-Manager: Sucht gemeinsame Interessen zwischen Handel, Kunde und Produzent

Die Stellenbeschreibung kurz und bündig:
- Instanzenbild: Stelle, Organisationselement, über und Unterstellungen, vertritt, Gremium.
- Aufgaben: Hauptaufgaben, Nebenaufgaben
- Kompetenzen: Entscheidungskompetenz
- Verantwortung: Verkaufsanbahnung
- Diverses: Schulung, Ferien, Führung

Wir achten darauf, das sie Stellenbeschreibung Zeit und personenneutral zu verfassen.

Das Supply Chain Management
Aufbau und Verwaltung von integrierten Logistikketten.
Aktive Gestaltung aller Prozesse, um Kunden oder Märkte wirtschaftlich mit Produkten, Gütern und Dienstleistungen zu versorgen. Ziel ist die Optimierung von Leistungen in Bezug auf die eingesetzten Kosten.

Wertschöpfung: Findet zwischen dem Einkauf und dem Verkauf statt. Alles dazwischen.

Wertschöpfungskette: Die Phase vor und nach dem Verkauf des Produktes wird ebenfalls betrachtet.

Der Supply chain Manager betreut den gesamten Prozess, von der Beschaffung bis zur Recycling Phase.

Marktdurchdringung:
Mit bestehenden Produkten, in bestehenden Märkten mehr Absatz generieren.

Marktentwicklung:
Mit bestehenden Produkten in neuen Märkten mehr Umsatz / Absatz generieren.

Die Verkaufskontrolle:
Kontrolle ist eine Führungsfunktion
- Einen gegebenen ist Zustand mit dem Soll Zustand vergleichen.
- Dir Ursachen der Abweichung von ist und Soll ermitteln.

Der Kontrollprozess kann ähnlich dem Planungsprozess in verschiedene Phasen zerlegt werden.

Primäre Verkaufsplanung:
Bei der primären Verkaufsplanung bezieht man sich auf die Prozesse, die sich in einem Verkaufssystem zwischen der Unternehmung und dem Kunden abspielen. Umsatz / Absatz und Einsatzplanung.

Umsatz - Absatz – DB-Planung

Die definierten Ziele umfassen oftmals grobe Schätzungen, welches Ziel wir erreichen wollen.

Einsatzplanung für den AD

Wir erstellen eine Tabelle mit allen möglichen Reisetagen dar. Dabei berücksichtigen wir Office Tage, Krankheit etc. Durchschnittlich kommen wir dabei auf ca. 180 Tage pro AD, ohne Bürotage.

Das Blattprinzip

Mit dem Blattkonzept kann der Zeitaufwand für Kundenbesuche dargestellt werden.

Kuchenprinzip

Der AD fährt nicht zu viele Kilometer in einem Gebiet. Er unterteilt sein Gebiet in Kuchenstücke.

Die sekundäre Verkaufsplanung

Hierbei bezieht man sich auf die Gestaltung des Verkaufssystems innerhalb einer Unternehmung, so wird der Verkaufsprozess erst ermöglicht.

Wir fassen hier nochmals die Führungsmethoden zusammen:
- Management by Objective: Zielvereinbarung zwischen Vorgesetztem und Mitarbeiter.
- Management by Delegation: Aufgaben werden an Mitarbeiter delegiert.

- Management by Exception: Abweichungskontrollen
- Management by System: Steuerung der Elemente
- Management by Results: Ergebnissorientiert

Die Kundenselektion
Wir können die Kunden ähnlich der Marktforschung (Thema behandelt) einteilen.

Auch bei Kunden gibt es nicht nur A,B und C Kunden. Sondern eine weit tiefere Kategorisierung. Grundsätzlich ist aber mit der Einteilung nach ABC bereits vieles getan. Anhand der Einteilung können wir unsere Kundenbesuche planen. Wir müssen uns bewusst sein, wie die Ware zum Kunden gelangt. Hier sprechen wir vom Transaktionsweg.

Die Preisstrategie und die Konditionen werden vom Marketing-konzept abgeleitet.
- Abschöpfungsstrategie
- Penetrationsstrategie
- Promotionsstrategie
- Hochpreisstrategie
- Tiefpreisstrategie
- Skimmingstrategie

Die Preispsychologie
Bei der Betrachtung eines Preises gehen verschiedene psychologische Vorgänge in unserem Kopf vor.

Qualitätsmanager

Die für die Qualität verantwortliche Person im Unternehmen. Diese Funktion besteht meist nur in Großunternehmen. In Kleinunternehmen macht dies der Produktmanager oder der Verkaufsleiter.

Aufgaben:
- Qualität muss/soll sicherstellen.
- Kundendienst: Qualitätskontrolle
- Umweltmanagement
- TQM
- Qualitätskontrolle der Kundenzufriedenheit
- Beschwerdemanagement
- Reklamationsbearbeitung
- Maßnahmenerarbeitung bei Reklamationen
- Steigerung der Kundenzufriedenheit

Qualitätsmanagement ist ein kontinuierlicher Verbesserungsprozess.

Notizen

_____

_____

_____

_____

_____

_____

_____

9 Kommunikation

Kommunikation ist die Übermittlung von Informationen und Inhalten zum Zweck der Steuerung von Meinungen, Einstellungen, Erwartungen und Verhaltensweisen bestimmter Adressaten.

Das Kommunikationsmodell
Jegliche Kommunikation, egal ob privat oder geschäftlich basiert auf einem einfachen Model.

Kommunikationsformen:
- Private Kommunikation / Freizeitorientiert
- Kommerzielle Kommunikation / wirtschaftlich
- Persönliche Kommunikation
- Unpersönliche Kommunikation
- Direkte Kommunikation
- Indirekte Kommunikation
- Formelle Kommunikation
- Informelle Kommunikation
- Interne Kommunikation
- Externe Kommunikation
- Interaktive Kommunikation
- Physische Kommunikation

Aufgaben und Funktionen der Kommunikation
Aufgaben und Funktionen können anhand von BAKMIDU und AIDA abgeleitet werden.

BAKMIDU

- B = bekannt machen.
- A = Aktualisieren (Informationsaktualisierung)
- K = Konkretisieren
- M = Motivieren
- I = Informieren
- D = Differenzieren
- U = Unterhalten

Das AIDA Modell

(Attention – Interest – Desire – Action)

Die Phasen des AIDA Modell

- Phase 1: Aufmerksamkeit generieren.
- Phase 2: Zusätzliches Wissen über das Angebot vermitteln.
- Phase 3: Bei denen die das Produkt kennen, eine positive Einstellung gegenüber dem Angebot generieren.
- Phase 4: Bestimmtes Verhalten bei der Zielgruppe auslösen.

Beschreibung der Kommunikationsinstrumente
- Werbung: Transport und Verbreitung von Informationen
- PR: bewusste und geplante Beziehungspflege
- Multimedia / online: meist zweiseitige indirekte Kommunikation
- Sponsoring: einseitige Kommunikation
- Messen: begrenzte, räumlich festgelegte Veranstaltung.
- Event: Inszenierung einer Marke
- Direct Marketing: gezielte Einzelansprache der Zielgruppe.

- Verkaufsförderung: Zeitlich begrenzte Aktivität, um den Verkauf zu unterstützen.

Das Konzept der integrierten Kommunikation.
Das Konzeptpapier besteht aus fünf Elementen.
1. Kommunikationsanalyse: Analyse mittels SWOT
2. Kommunikationsstrategie: Formulierung kommunikativer Hauptzielgruppen.
3. Kommunikationsregeln definieren.
4. Kommunikationsorgan: Formulierung der Ablauf und Aufbau-Organisation.
5. Kommunikationskontrolle: Prozess, Erfolgs und Effizienzkontrolle.

Das oberste Ziel der Kommunikationspolitik ist die strategische Positionierung.

Die Situationsanalyse stellt den Ist-Zustand eines Unternehmens sowie des Marktumfeldes dar.

Kommunikativ relevante Zielgruppen
1. Eigene Mitarbeiter
2 Absatzmittler
3. Externe Beeinflusser
4. Produkteverwender
5. Interne Beeinflusser

Die Zielgruppendefinition verlang eine konkrete und detaillierte Beschreibung der anvisierten Zielgruppen. Es ist zu empfehlen, die Zielgruppen zu benennen.

Strategische Positionierung
Die strategische Positionierung ist der Ausgangspunkt der integrierten Kommunikation und bildet das Oberziel der Kommunikation. Umsetzung einer strategischen Position ist mittels mehrer Methoden möglich.

- Die verbale Positionierung: Die für das Unternehmen relevanten Eigenschaften und Merkmale werden zusammengeführt.
- Das Positionierungskreuz: Zwei oder mehrdimensionale Positionierung. (Vorteile der Gegenüberstellung von Merkmalen gegenüber der Konkurrenz).
- Mehrdimensionale Positionierung: Ermöglicht einen Konkurrenzvergleich mittels verschiedenen Merkmalen.

Die kommunikative Leitidee basiert auf den USP oder UCP.

Leitinstrumente sind von wichtiger, strategischer Bedeutung für die Gesamtkommunikation und eignen sich am besten, um die Leitidee gegenüber der Zielgruppe zu kommunizieren.

Mögliche Leitinstrumente
- Werbung: Inserate, Plakate, TV, Radio etc.
- Direct Marketing: gezieltes Direct Mailing, Newsletter etc.

Zieldefinitionen

Sämtliche Ziele eines Unternehmens sollten nach der SMART-Formel (spezifisch, messbar, ambitioniert, realistisch und terminiert) formuliert werden.

Mittels folgender sechs Fragen und die Integration in die Zielformulierung ist man meist dem Ziel sehr nah:
1. Was?
2. Wie viel?
3. Wem?
4. Wann?
5. Wer?

Die Angaben zu fristen und Zeithorizonten ist abhängig von der Marktdynamik sowie dem Marktumfeld. Pauschal kann gesagt werden:
- Strategische Ziele: langfristig, ab 3 Jahren.
- Operative Ziele: mittelfristig, bis 2 Jahre.
- Taktische Ziele: kurzfristig, bis 1 Jahr.

Kommunikationsinstrumente

ATL: Above the Line Kommunikation. → Werbung
BTL: Below the Line Kommunikation. → Alles andere

Werbung: Transport und Verbreitung werblicher Informationen über die Werbeträger.

Zielgruppen der Werbung: primär auf den Produkteverwender.

Aufgaben und Funktionen der Werbung:
Werbung ist innerhalb der Kommunikation ein wichtiges Instrument.

Strategien der Werbung:
Die Werbestrategie unterstützt die übergeordneten Marketing- und Kommunikationsstrategie und definiert, mit welchen „Werbemassnahmen" die Werbeziele gegenüber der Zielgruppe erreicht werden.

Das Werbekonzept
Ein Werbekonzept kann wie folgt aufgebaut sein.
- Situationsanalyse
- Werbezielgruppe
- Werbezielgebiet
- Werbezeitraum
- Werbepositionierung
- Werbeziele
- Werbestrategie

Die Verkaufsförderung (wurde bereits kurz angesprochen)
Die Verkaufsförderung ist ein Kommunikationsinstrument für kurze, mengenwirksame Aktionen.

Die Verkaufsförderung bietet einen Anreiz, den Kauf zu tätigen. Wir unterscheiden folgende Formen:
- Mitarbeiter Promotion: Muster, Schulungen, Bonussysteme
- Handelspromotion: Mengenrabatt etc.

- Konsumentenpromotion: Wettbewerb, Price off, Zugaben, Degustationen etc.

Bei der Verkaufsförderung spricht man nicht von Zielgruppen, sondern von Aktionsebenen. Dabei wird zwischen eigenen Mitarbeitern, Produktverwendern, Absatzmittlern und Beeinflusser gesprochen.

Wir kennen folgende Aufgaben und Funktionen der Verkaufsförderung:
- Aktivierung und Motivation
- Unterstützung
- Dynamisierung
- Diffusion
- Angewöhnung
- Ergänzung

Ziele der Verkaufsförderung:
- Bekanntheitsgrad steigern.
- Umsatz, Absatz und DB verbessern.
- Neukundengenerierung

Verkaufsförderung wird im Rahmen des Produktlebenszyklus eher in der Einführungs- und Wachstumsphase, sowie in der Sättigungsphase eingesetzt.

Die Kommunikationsforschung

Die Kommunikationsforschung beinhaltet die Kommunikationswirkungs und Erfolgskontrolle.

Das Kommunikationsbriefing

Ist ein Dokument, das Erwartungen und Lagebeurteilungen vorgibt und die Ziele der Kommunikationsaktivität festhält.

Für kleinere Aufträge empfiehlt sich folgendes Briefing:

1. Ausgangslage
2. Zielgruppe
3. Zielgebiet
4. Zeitraum
5. Ziele
6. Strategie
7. Maßnahmen
8. Timing
9. Budget
10. Kontrolle

Das Kommunikationsrecht

Basierend auf der Bundesverfassung unterscheidet die Rechtsordnung in der Schweiz zwischen dem öffentlichen und dem privaten Recht.

Sendern und Empfänger bilden das Rechtssubjekt.

Wichtiges:

- Inserate: Müssen als Anzeige oder Inserat gekennzeichnet sein.
- Außenwerbung: Benötigen eine entsprechende Bewilligung.
- Strassenreklame: Es wird eine Bewilligung benötigt.
- Fernsehwerbung: Verboten sind religiöse und politische Werbung. Sowie für stark gebrannte alkoholhaltige Getränke und Tabak. Arzneimittel sind je nach Kategorie erlaubt.
- Radiowerbung: ähnlich wie bei der Fernsehwerbung
- Kinowerbung: nur Einschränkungen im Arzneimittelbereich
- Fahrzeugwerbung: Dürfen andere Verkehrsteilnehmer nicht gefährden. Dürfen nicht leuchten oder lumineszieren.
- Fußgängerwerbung: „Sandwichmänner" sind bewilligungspflichtig. Jeder Kanton kennt andere Vorgaben zu Flyer und Muster.
- Telefonwerbung: Bei „Stern" Einträgen verboten. Der Name des anrufenden muss genannt werden.

Notizen

_____
_____
_____
_____
_____
_____
_____
_____
_____

Schlusswort

Während der Vorbereitungszeit zur Eidgenössischen Prüfung für den Marketingleiter erstellte ich dieses Buch als meine persönliche Lernhilfe. Zum Zeitpunkt der Veröffentlichung ist dieses Buch als erste Auflage auf dem aktuellsten Stand des Wissens. Es ist mein Ziel, dieses Buch laufend zu verbessern und nach Abschluss der Prüfung als finale Version zu belassen.

Quellenangaben

Quelle aller Informationen:
Lehrmittel der SWIMAC / Internetrecherche und eigene
Formulierungen. Bilder sind mit Quellenangaben versehen.

Die original Lehrmittel können unter folgendem Link bezogen
werden: http://swissmarketingacademy.ch/buecher/

http://swissmarketingacademy.ch/

Haftungsausschluss
Ich übernehme keinerlei Haftung für die Richtigkeit des Inhaltes.
Insbesondere bei „nicht bestandener Prüfung", fehlerhafter oder
mangelhafter Informationen. Das Taschenbuch wurde mit größtmöglicher Sorgfalt erstellt und diente mir in erster Linie als Prüfungsvorbereitung. Es kann als Lernhilfe oder Gedankenstütze
genutzt werden.

**Inhalt des Taschenbuches ohne Rechnungswesen und
Internet-Kommunikation.**

Steve Schild – Autor und Visionär

Steve Schild wurde 1984 in St. Gallen geboren. Schon seit seiner Kindheit ist er von Technik, insbesondere Luft- und Raumfahrt, begeistert. Die von der Science Fiction beschriebenen und dargestellten Möglichkeiten, außerplanetarische Welten zu besiedeln, liessen in ihm den visionären Wunsch entstehen, eines Tages selbst den Weltraum zu erkunden. Das bewog ihn, sich beim Mars One Projekt zu bewerben.

Wer bin ich?
Meine Freunde bezeichnen mich als Optimisten, Visionär und Querdenker. Ich bin immer für interessante Gespräche.
Zu haben und freue mich über jeden neuen Kontakt. Ich bin gerne unterwegs und man bezeichnet mich als das Gegenteil eines Couchpotatoes. Ich mag es, wenn immer etwas läuft, neue Herausforderungen auf mich zukommen und ich stetig etwas Neues lernen kann. Durch meine Familie, meine Katzen und Hobbys finde ich den Ausgleich, welcher mir ein ausgeglichenes und spannendes Leben ermöglicht. Ich bin ein sehr offener und ehrgeiziger Mensch, der weiß, was er will. Ich habe kleine und große Ziele und Langeweile ist mir ein Fremdwort.

Mein größter Traum ist die Besiedelung des Mars. Dank dem Mars One Projekt habe ich die Chance dazu erhalten und bin meinem Traum schon ein wenig näher gekommen. Als einziger Schweizer bin ich einer von 100 Bewerbern weltweit.

www.steveschild.ch

Gefangene der Zukunft

Gefangene der Zukunft ist eine Scifi - Fantasy Buchreihe von Steve Schild.

Wir schreiben das Jahr 2150. Europa, wie wir es kennen, gibt es nicht mehr. Eine grausame, machthungrige Organisation hat die Kontrolle auf der Erde übernommen. Dank neuartiger Waffen und Technologien hat sie das Weltgefüge zum Wanken gebracht und die Klonforschung brachte etwas Böses hervor, das die Welt so noch nicht gesehen hat - doch ein Ereignis im Jahr 2016 könnte das alles ändern!
Joe und Vivianne werden durch einen Zeittunnel in die Zukunft geschleudert. Sie schließen sich dem Widerstand gegen das Regime an. Doch es scheint, als würde sich ein grausamer Teil der Weltgeschichte wiederholen … Hat die Menschheit wirklich nichts dazugelernt? Die Uhr tickt!

www.gefangenederzukunft.ch